Erlösung durch Hingabe

Die Begegnung mit dem Unsichtbaren

© 2020 Thomas Herold

Erlösung durch Hingabe

Die Begegnung mit dem Unsichtbaren

Revision 1.15

© 2020 Thomas Herold

thomasherold.com

Impressum

Umschlaggestaltung, Illustration: Thomas Herold
Lektorat: Klaus Schepers
Korrektorat: Susanne Wörz

Herstellung und Verlag: BoD - Books on Demand, Norderstedt

ISBN Paperback: 9783751969581
ASIN e-Book: B08K99FYQF

Bibliografische Information der Deutschen Nationalbibliothek:
Die Deutsche Nationalbibliothek verzeichnet diese Publikation in der Deutschen Nationalbibliografie; detaillierte bibliografische Daten sind im Internet über http://dnb.d-nb.de abrufbar.

Inhalt

Über den Autor

Thomas Herold, Jahrgang 1963, lebte bis 1997 in Freiburg im Breisgau. Er studierte Elektrotechnik mit Schwerpunkt EDV, und gründete mit 21 seine erste Firma im Bereich Softwareentwicklung.

Seine Liebe galt allerdings schon in frühen Jahren der Metaphysik, und seine Reisen durch Indien prägten seinen weiteren Werdegang.

Mit seiner nächsten Firma widmete er sich der Astrologie und erstellte eines der meist verkauften Programmpakete Astro Star im Europäischen Raum.

Danach hat er sich für 20 Jahre in den USA (Hawaii & Kalifornien) angesiedelt, und veröffentlichte über 35 Bücher für den Finanzmarkt. Durch die Finanzkrise in 2008 hat er tiefe Einblicke in das Finanzgeschehen erhalten, und seinen ersten Bestseller 'Money Deception' geschrieben.

Es folgte ein Finanzlexikon Serie mit 16 Titeln, die über 1000 der wichtigsten Begriffe aus dem Finanzwesen ausführlich beschreiben.

Sein zuletzt publiziertes Buch 'High Credit Score Secrets' zeigt die Strategien für das Erreichen einer optimalen Kreditwürdigkeit auf.

Seit 2016 ist er wieder in Freiburg in Breisgau und schreibt metaphysische Kurzgeschichten. „Einsteins wichtigste Erkenntnis" ist seine erste Kurzgeschichte aus der Welt der Metaphysik.

Thomas Herold ist nicht nur Autor, sondern auch begeisterter Tangotänzer. Er ist Mitglied im Citizen Circle, einer Community für ortsunabhängiges Arbeiten, kreative Selbstständigkeit und persönliche Weiterentwicklung.

Weitere Informationen zum Autor und seinen Büchern gibt es unter: thomasherold.com oder auf amazon.de.

„Glücklich ist der Mensch, der den Zusammenhang
mit allem Lebendigen fühlt und deshalb die Menschen
und das Leben liebt."

– Albert Schweitzer

E s gibt eine verborgene Welt, die wir weder hören, schmecken, riechen noch sehen können. Sie entzieht sich unserer alltäglichen Wahrnehmung, welche sich hauptsächlich auf die erfassbare Realität durch unsere fünf Sinne konzentriert. Unsere gewohnte Realität basiert auf Erkenntnisse über die kausalen Zusammenhänge und Gesetzmäßigkeiten der Natur, Technik, Gesellschaft und des Denkens. Diese Erkenntnisse werden in Form von Begriffen, Kategorien, Maßbestimmungen, Gesetzen, Theorien und Hypothesen fixiert – kurzum auch als Wissenschaft bezeichnet.

Hinter dieser Realität verbirgt sich eine Dimension, die sich unserer täglichen Wahrnehmung entzieht. Sie lässt sich bisher nicht mit wissenschaftlichen Instrumenten messen.

Für die meisten Menschen ist diese verborgene Welt ein unfassbares und unbegreifliches Mysterium.

Dennoch besitzen alle Menschen die Fähigkeit diese unsichtbare Welt wahrzunehmen. Allerdings braucht es in den meisten Fällen eine Schulung, damit diese Wahrnehmungen von uns richtig eingeordnet werden können, und nicht zu Verwirrung und Depression führen.

Es ist eine tiefe Sehnsucht jedes Menschen die sichtbaren Grenzen zu überwinden und wieder ein Gefühl der Einheit zu erfahren. Wir sehnen uns danach alle Begrenzungen hinter uns zu lassen, alle Schwierigkeiten endgültig aus dem Weg zu schaffen und vollends in der Güte der Liebe aufzugehen.

Im Grunde wollen wir nur Gutes tun, scheitern aber öfter als uns das lieb ist an den Begrenzungen unserer selbst erschaffenen Realität. Es ist die unbewusste Suche nach der endgültigen Erlösung von allem Leiden in dieser Welt.

Was bedeutet Erlösung?

Erlösung ist ein zentraler Begriff in vielen Religionen, welcher jeweils ein endgültiges Ziel bezeichnet, bei dem der Mensch oder die Menschheit von allem Übel befreit ist. Im Buddhismus wird der Begriff Erlösung mit Erleuchtung gleichgesetzt. Die christliche Lehre beschreibt in ihrem Ursprung die Erlösung sehr genau. Allerdings ist durch die Definition der Kirche, und durch die Verwechslung der Ebenen von Inhalt und Form der Begriff der Erlösung völlig unbrauchbar geworden.

Erlösung bezieht sich nicht auf die Formebene, also nicht auf die physikalische Welt, sondern auf einen inneren Zustand. Die physikalische Welt, die wir mit unseren Sinnen wahrnehmen, ist, und wird immer eine begrenzende Welt sein. Jedes Objekt hat eine Grenze, durch die es in die sichtbare Welt gebracht und erfahrbar wird.

Durch seine Grenze ist jedes Objekt nur ein Bruchteil des Ganzen. Dadurch entstehen Perspektiven und Sichtweisen über das Objekt, welche genauso subjektiv sind wie der Mensch selbst. Es wird nie eine einzige Ansicht oder Meinung über ein Objekt geben. Alle Diskussionen und das Bestehen auf der eigenen Meinung bezüglich des Objekts sind daher vergeudete Zeit.

Man schafft keine Verbindung zwischen zwei Menschen, indem man sich auf die Trennung fixiert. Eine Verbindung wird nur dann geschaffen, wenn man sich über die Trennung hinaus mit etwas verbindet, das im Anderen das Gleiche ist wie in einem selbst. Mögliche Einstiegsthemen für eine erste Begegnung wären z.B. die Sehnsucht nach der Liebe und die Vergänglichkeit unseres eigenen Lebens.

Erlösung ist ein Zustand, und die Erkenntnis, dass es im Ursprung unserer Wahrnehmung keine Trennung gibt. Dort ist die Liebe zu Hause, die keine Angst mehr kennt. Die Angst ist immer ein Zustand der Enge, erzeugt durch den eingeschränkten Fokus auf ein oder mehrere Objekte. Die Liebe ist kein anderer Ausdruck als das Verschwinden sämtlicher Grenzen. Es ist der Zustand durch den unser Ich komplett in den Hintergrund tritt und wir den Anderen nicht länger als getrennt von uns sehen.

Erlösung durch den Sex?

Für die meisten von uns ist das Gefühl von Erlösung ansatzweise nur beim Sex, und dort auch nur während des winzigen Augenblicks des Orgasmus spürbar. Es wundert deshalb nicht, das unsere Gesellschaft so sehr darauf fixiert ist.

Zudem ist dieser marginale Augenblick nur mithilfe eines anderen zu erfahren, und dadurch entsteht mitunter schnell eine Abhängigkeit, die zu weiteren Süchten wie übermäßigem Alkohol- und Zigarettenkonsum führen können. Ich kann mich noch gut an meine Teenager-Zeit erinnern. Ganz oben auf der Wunschliste stand oft das sexuelle Verlangen – nicht verwunderlich in diesem Alter, da die Hormone oft die Gefühlslage bestimmen. Nicht selten bin ich dabei über Grenzen gegangen, was ich später bereut habe.

Etwa 30 Jahre später habe ich den Tango Argentino entdeckt. Durch die körperliche Nähe der Tänzer kann sehr schnell eine intensive, intime Verbindung entstehen. Beide Tänzer verschwinden in Ihrer Getrenntheit und werden zu einer Einheit. Es ist ein erfüllendes Gefühl, welches mich am Ende des Abends mit einem Frieden und einer Seligkeit in den Schlaf führt. In dieser Verfassung gerät das sexuelle Verlangen in den Hintergrund. Aber vielleicht spielen jetzt, wo ich älter bin, auch die Hormone nicht mehr so verrückt wie früher.

Erlösung kann nur durch die Erfahrung des ‚Einssein' entstehen. Dieser Zustand kennt keine Trennung, und daher ist die Auseinandersetzung mit der Angst der Schlüssel auf dem Weg dorthin. Unsere Motivation im Leben entsteht entweder aus der Angst oder aus der Liebe. Alle weiteren Handlungen, Gedanken und Emotionen leiten sich aus diesen zwei Grundzuständen ab.

Motivation durch Angst fokussiert unsere Aufmerksamkeit auf den Mangel, deshalb ist das Denken und Handeln darauf ausgerichtet Liebe zu erhalten. Motivation durch Liebe fokussiert unsere Aufmerksamkeit auf die Fülle, unser Denken und Handeln ist deshalb auf das Geben der Liebe ausgerichtet.

Wer aus der Liebe gibt, verlangt nichts in Erwiderung, er kalkuliert nicht, und fordert deshalb auch nichts zurück. Allerdings entspringt vieles, was wir glauben zu geben, dem Ursprung der Angst. Es ist geschickt durch das Ego verpackt, so das es den Anschein der Liebe erweckt. Wir haben nicht selten einen Hintergedanken, eine verborgene Agenda.

Dies ist die Geschichte meiner Begegnung mit der unsichtbaren Welt. Sie fügte meinem Leben eine völlig neue Dimension hinzu, die mir bis dahin gänzlich unbekannt war. Eine Dimension, die mir nicht nur das Einssein mit einzelnen Personen erfahren ließ, sondern mit der gesamten Menschheit, und darüber hinaus mit der gesamten Existenz. Bis dahin kannte ich nur die Kontrolle über das Leben. Ich war der Schöpfer meiner erfahrbaren Welt, und ich war der Überzeugung, dass ich jedes Ereignis in meinem Leben mit meinem eigenen Willen steuerte.

Die Reise zum Mittelpunkt des Pazifiks

Es ist der 21. Dezember und ich stehe am Frankfurter Flughafen an der Warteschlange zum Einchecken. Flug LH 210 von Frankfurt nach San Francisco mit Weiterflug über Honolulu nach Maui. Eine fast zweitägige Reise, an einen so winzigen Ort mitten im Pazifik, das Sie ihn auf einer Weltkarte nur mithilfe einer Lupe finden. Eine Insel, welche am weitesten vom Festland entfernt ist, mit einem Zeitunterschied zu Deutschland von zwölf Stunden.

Bereits ein Jahr zuvor hatte ich diese atemberaubend schöne Insel für sechs Wochen besucht. Es war mein erster großer Urlaub. Nach Jahren intensiver Arbeit konnte ich mein Geschäft meinem Partner anvertrauen. Über die letzten fünf Jahre hatte ich ein Astrologie[1] Programm entwickelt und vermarktet. Es waren schwierige und zähe Jahre für mich, bis endlich der langersehnte Erfolg einsetzte.

Jetzt war ich wieder auf der Reise, aber dieses Mal war es kein Urlaub, und es gab auch kein Rückflugticket! Ich hatte meine Firma an meinen Partner verkauft, und folgte meiner Eingebung nach Hawaii zu ziehen. Viele meiner Freunde schüttelten nur den Kopf über dieses gewagte Vorhaben, war ich doch endlich an dem Punkt angelangt, an dem ich erfolgreich war, und ein festes Einkommen hatte. Warum jetzt alles aufgeben und Deutschland verlassen?

Ich konnte ihnen keine zufriedenstellende Antwort geben. Meinen Entschluss konnte ich nicht begründen, er entzog sich meinem rationalen Verständnis. Harry Palmer[2] hat einmal gesagt: ‚Die Frage nach dem ‚Warum' führt letztendlich immer zurück zur Frage des Urknalls.' Jede Begründung basiert auf einer Annahme, auch wenn wir glauben es sei ein Fakt. Jede Annahme oder Fakt gründet sich bei genauerem Hinsehen auf eine neue Annahme. Eine unzählige Kette, die so weit zurückführt, wie wir Informationen haben.

Vom Erlös des Verkaufs des Geschäfts an meinen Partner hatte ich etwas Startkapital. Über Geld[3] musste ich mir also erst mal keine Sorgen machen, obwohl sich bei der Ankunft in den USA mein Guthaben halbierte, da damals die D-Mark zum Dollar 2:1 stand. Hätte ich mir darüber Gedanken gemacht die Hälfte meines Geldes innerhalb zwei Tagen zu verlieren, wäre ich vielleicht in Deutschland geblieben.

Zuviel Nachdenken kann mitunter die schönsten Träume boykottieren.

Das erste halbe Jahr hatte ich allein auf Maui gelebt, meine Freundin und Ihr Kind sollten jetzt nachkommen. Es war das erste Mal, dass ich mit den beiden zusammen wohnte. In Deutschland hatten wir uns nur am Wochenende getroffen und ich ‚beschloss' ein paar Monate vor meiner Abreise, dass ich sie gerne nach Maui mitnehmen wollte.

Eine gravierende Fehlentscheidung wie sich bald herausstellen sollte, die auf meiner bis dahin gewohnten rationalen Entscheidungsebene gründete. Mit ihrem Kind hatte ich schon seit Beginn der Beziehung Autoritätsprobleme, und darüber hinaus fühlte es sich sehr seltsam an. Aber ihr Sohn musste selbstverständlich bei seiner Mutter sein. Die enormen finanziellen Ausgaben einer Familie hatte ich komplett unterschätzt. Das Geld floss erschreckend schnell dahin. Bereits nach einem Jahr musste ich auf die Ausgaben-Bremse drücken, um nicht vorzeitig pleite zu sein.

Coca-Cola so weit das Auge reicht

Hier in den USA fiel mir schnell auf, wie viele Amerikaner Gewichtsprobleme hatten – mitunter sogar fettleibig waren. Kein Wunder dachte ich – bei dem drastischen Konsum von Softdrinks wie Coca-Cola, Fanta und hundert anderer ähnlicher zuckerhaltiger Getränke. Sodas, wie man diese Getränke in den Staaten nannte, trank man hier wie Wasser in Europa. Offensichtlich waren sich viele nicht bewusst wie viel Zucker diese Getränke enthielten. Wussten Sie, dass der Brechreiz, der durch die Zuckerüberdosis[4] der Cola im Körper ausgelöst wird, ausschließlich mithilfe der zugesetzten Phosphorsäure unterdrückt werden kann?

Als Selbstständiger war ich es gewohnt, die Dinge zu hinterfragen, und begann das Thema zu recherchieren. Literatur zum Thema Übergewicht durch zuckerhaltige Getränke gab es erstaunlicherweise nicht viel. Ein Buch mit dem lustigen Namen ,Sugar Blues'[5] war erhältlich, allerdings war es schon über 15 Jahre alt und nicht mehr zeitgemäß. Ich beschloss mich dem Thema anzunehmen und so viel wie möglich darüber zu lernen. Auf etwa 80 Seiten verfasste ich eine Zusammenfassung der wichtigsten Informationen, und nannte es ,The Sugar Report' – frei übersetzt ,Der Zuckerreport'. Es war mein erstes verkaufsfähiges Produkt in den USA. Eine meiner vielen rationalen Entscheidungen zu dieser Zeit, die sich bald als Fallstrick entpuppen sollte.

Ich hatte mich ein wenig in das Thema Internet-Marketing eingelesen. Zu dieser Zeit war das Internet vergleichbar mit dem Wilden Westen der USA. Jeder tat was ihm Spaß machte, steckte sein Territorium ab, und stellte seine eigenen Regeln auf. Die ersten Webseiten wurden noch mit Hand durch die Sprache HTML[6] programmiert, da es noch keine fertigen Baukästen wie WordPress oder Facebook gab. Um Kreditkarten als Zahlungsmittel auf einer Webseite zuzulassen, waren unzählige Hürden zu überwinden. So wurde dazu unter anderem eine Bank und gute Kreditwürdigkeit benötigt. Wie Sie sich vielleicht vorstellen können, war das für mich – nach gerade einem Jahr Aufenthalt in Amerika – kein leichtes Unterfangen!

An meinem niedrigen Kontostand zeigte sich schon bald, dass Kunden nicht für einen Report bezahlen wollten. Ein Report wurde als Informationsbroschüre betrachtet, die man meistens gratis bekommen konnte. Ich beschäftige mich nochmals intensiv mit dem amerikanischen Marketing-System, und gab meinem Informationspaket daraufhin den Namen: ‚The Herold Weight Loss System'. Endlich verkaufte ich eine Handvoll Produkte pro Woche, aber es war immer noch ein mühsames Unterfangen. Auch nach weiteren Monaten blieb es bei nur wenigen Verkäufen.

Im Nachhinein ist mir klar geworden, dass mir Einfühlungsvermögen, Erfahrung, Begeisterung und Freude für dieses Business schlichtweg fehlten. Ich hatte nie Probleme mit meinem Körpergewicht, und ich trank auch nur sehr selten Sodas. Meine Entscheidungen im Leben traf ich bis dahin – mit wenigen Ausnahmen – immer rational. Eine Ausnahme dabei war mein Astrologie Programm, welches ich völlig irrational, und unter mysteriösen[7] Umständen ein paar Jahre zuvor entwickelte. Für die meisten Menschen ist die rationale Methode Entscheidungen im Leben zu treffen, die einzig vernünftige Basis. Für mich sollte dieser Weg nicht länger funktionieren, und auch nicht zum Erfolg führen. Waren meine rationalen Entscheidungen jemals erfolgreich?

Auf der Bühne mit dem Drama meiner Familie

Das Zusammenleben mit meiner Freundin und ihrem Kind gestaltete sich immer schwieriger. Das Kind stand mir im Wege, mit ihr eine tiefere Beziehung einzugehen. Es war meines Erachtens verhaltensauffällig, und es vermisste offensichtlich den leiblichen Vater. Sollte ich jetzt der Vater sein, oder einfach ein Freund? Ich war verwirrt und hatte immense Probleme die passende Rolle zu finden. Die Beziehung wurde langsam zur Strapaze und ich fing an unter der Last der Verantwortung vehement zu leiden.

Ich entschloss mich den Avatar-Kurs[8] ein weiteres Mal zu wiederholen und mir das Thema meiner Beziehung genau anzusehen. Den Kurs hatte ich zuvor bereits zweimal in Deutschland absolviert, und er hat mich darin unterstützt selbst-sabotierende Glaubens- und Verhaltensweisen aufzudecken. Es war einfach, die Schuld bei meiner Freundin und ihrem Kind zu suchen, aber es war nicht die Lösung – soviel war mir klar. Ich konnte doch nur meine eigenen Überzeugungen und mein eigenes Verhalten ändern, und nicht das der anderen!

Am letzten Tag des Kurses hatte ich eine Offenbarung, die mich sprachlos und fassungslos machte. Diese Beziehung spiegelte mir meine eigene Kindheit wider! Ich spielte die Rolle des Kindes, und meine Freundin die meiner Mutter. Es war unfassbar, aber die Verhaltensweisen waren absolut identisch.

Plötzlich spielte sich das ganze Drama vor meinen Augen ab – ähnlich wie auf einer Theaterbühne. Allerdings mit dem Unterschied, dass ich jetzt nicht länger der Schauspieler war, sondern der Beobachter. Ich konnte mir das Schauspiel zum ersten Mal aus der Ferne betrachten – es war eine atemberaubende und zugleich schockierende Erkenntnis.

Jetzt verstand ich warum diese Beziehung nicht funktionierte, und niemals funktionieren würde. Endlich war ich in der Lage aus meinem selbst geschaffenem Gefängnis – meinem Kindheitstrauma – auszubrechen. Ein paar Monate später verließ ich meine Freundin und Ihr Kind. Das Drama hatte ein Ende gefunden. Ab jetzt würde es mit meinem Leben wieder aufwärtsgehen, aber die nächste Stufe meines Abstiegs war schon in Vorbereitung.

Noch einmal voll durchstarten

Da ich mittlerweile nur noch wenig Geld auf meinem Konto hatte, bot mir ein Freund umsonst ein Zimmer in seinem Haus an. Ich musste endlich wieder auf die Beine kommen und Geld verdienen. Mit einem Diät-Info-Produkt kam etwas Geld herein, aber es reichte nur knapp zum Überleben. Für ein paar Monate konnte ich mietfrei wohnen, und beschloss meinen Kurs nochmals komplett zu überarbeiten und zu verbessern.

Tagelang schrieb ich über Stunden hinweg mit nur wenigen Pausen. Mein Freund sah mich meist nur zum gemeinsamen Frühstück und Abendessen.

Drei Monate später war es so weit. Der neue Kurs war fertig und damit auch ein neuer Name: ‚Beyond Diet'. Ein weiteres Mal vertiefte ich mich in das Thema Online-Marketing, um dem Kurs endlich zum durchbrechenden Erfolg zu bringen. Ich schrieb eine E-Mail an meine über 1200 Kunden und Interessenten. Setze Deine Erwartungen nicht zu hoch an, sagte ich mir, und rechnete mit einer Bestellquote von zwei Prozent. Wenn nur zwei Prozent meinen neuen Kurs für 129 Dollar bestellten, dann hätte ich einen Umsatz von 3100 Dollar.

Etwas zitternd vor Aufregung drückte ich den Sendeknopf meines E-Mail-Programms und wartete gespannt auf die ersten Bestellungen Ein paar Stunden vergingen – nichts passierte! Vielleicht hatte ich irgendwo einen Fehler gemacht, ich kontrollierte alles mehre Male, aber es schien alles bestens. In der darauffolgenden Nacht hatte ich vor Aufregung kaum geschlafen. Es drängte mich ständig zum Computer um zu sehen, ob eine Bestellung eingegangen war. Am nächsten Morgen erhielt ich die erste Bestellung – jetzt war das Eis gebrochen, und es ging es aufwärts.

Aber nach weiteren fünf Tagen blieb es bei einer einzigen Bestellung!

Ein extrem frustrierendes Gefühl überkam mich – ich hatte komplett versagt. Ich hatte alles gegeben, um mein Diät-Programm erfolgreich zu machen – und jetzt das! Noch dazu steckte mir das Drama mit meiner Familie immer noch etwas in den Gliedern. Die Frustration verwandelte sich schon bald in kochende Wut, und bereits eine Woche später wollte ich nichts mehr mit dem Kurs und Online-Marketing zu tun haben. Aus bitterer Verzweiflung verkaufte ich meinen Computer, und das gesamte Kursmaterial knallte ich wutentbrannt in den Mülleimer. Wenigstens konnte mir mein Business jetzt nicht länger Stress und Frustration bringen. Es würde bald wieder bergauf gehen – dachte ich – aber mein ,Tauchgang' sollte sich fortsetzen.

Wer bin ich ohne Arbeit und ohne Familie?

Nun hatte ich meine Familie und meine Arbeit verloren. Ich schämte mich meinem Freund gegenüber, bei dem ich die letzten drei Monate umsonst gewohnt hatte, und war so verzweifelt, dass ich lieber am Strand übernachten wollte, als ihm noch länger auf der Tasche zu liegen. Am darauffolgenden Tag sprach ich mit einer Bekannten, bei der ich den Avatar-Kurs wiederholt hatte, über mein Dilemma.

Ohne einen Moment nachzudenken, lud sie mich zu ihr nach Hause ein, gab mir ein Zimmer und sagte mir ich könne hier so lange wohnen, bis es mir besser ginge.

Sah so meine Rettung aus?

Wenn ja, dann grenzte es an ein Wunder. Der Schlafplatz am Strand blieb mir erspart, dafür wohnte ich jetzt etwa 200 Meter davon entfernt und hatte sogar meinen eigenen Pool. Eigentlich das Paradies, wäre da nicht meine innere Zerrissenheit gewesen, und das Gefühl ein Versager auf allen Ebenen zu sein. Ich fühlte mich immer noch wie im freien Fall, jedoch hatte das Schicksal[9] gerade die Reißleine meines Fallschirms gezogen.

Es wird gesagt, dass der Mensch seine Identität auf drei Säulen aufbaut: sein Zuhause, seine Beziehung und seine Arbeit. Von den Dreien blieb mir keine einzige. Meine Identität – falls man es überhaupt so benennen kann – bestand aus einer Kombination aus Verzweiflung, Stillstand, Aussichtslosigkeit und Kummer. Morgens waren die Gefühle meistens am heftigsten. Häufig verspürte ich keinerlei Antrieb aufzustehen, aber ich raffte mich letztendlich auf, und kehrte zumindest das Laub im Innenbereich des Hauses zusammen. Es war alles, was ich jetzt tun konnte, ohne dabei zu scheitern. Den Besen konnte ich vielleicht noch abbrechen, und wenn ich nicht aufpasste in den Pool fallen.

Schauerartige Momente der Tränen überkamen mich tagsüber. Ich hatte doch schon alles verloren, warum musste ich immer noch so sehr leiden?

Dieser Zustand der Hoffnungslosigkeit und Bedrücktheit zog sich über Monate hin. Es war bereits ein knappes Jahr vergangen, seit ich meine Freundin und ihr Kind verlassen hatte, und auch mein Business verlor. Meine Verfassung wurde immer schlimmer – eine totale Machtlosigkeit befiel mich. Ich verbrachte jetzt immer mehr Tage im Bett und dachte über das Sterben nach. Was war das Leben noch Wert ohne meine eigene Heimat, einen Beruf und einer Familie?

Warum wurde mir das Leben so schwer gemacht? Was machte ich falsch?

Immer länger und intensiver dachte ich über den Tod und das Sterben nach. Wie konnte ich meinem Leiden und meinem Elend ein Ende setzen? Einige Konzepte darüber hatte ich bereits gedanklich über den Haufen geworfen, es sollte ein friedlicher, stiller und anonymer Tod sein, bei dem ich einfach verschwand und am besten keinerlei Spuren hinterließ. Es kam mir auch eine Möglichkeit in den Sinn, was mit einem Gefühl der Erleichterung einherging. Endlich hatte ich einen geeigneten Ausweg aus meiner Misere gefunden. Just in diesem Moment kam mir meine Mutter in den Sinn. Das konnte ich Ihr nicht antun. Welch ein Leid würde ich meiner Mutter aufbürden, wenn ich mir das Leben nehme?

Ist es nicht eines der schrecklichsten Erfahrungen für eine Mutter, wenn das eigene Kind früher stirbt als sie selbst?

Das Ende des freien Falls ist nahe

Die Situation fühlte sich so festgefahren an, wie ein Tier das man in die Ecke getrieben hat, und nun keinen Ausweg mehr weiß, als den sich dem Schicksal zu fügen. Ich war am bitteren Ende angelangt und hatte nur noch einen einzigen Gedanken im Kopf: Du darfst nicht aufgeben.

Diesen Ratschlag hatten mir nicht nur meine Eltern eingebläut, sondern auch unzählige Selbsthilfebücher, die ich über die letzten zehn Jahre gelesen hatte. Auch viele Selbsterfahrungsgruppen und Kurse, die ich teuer bezahlt hatte, zeigten letztendlich immer wieder auf diesen Aspekt. ‚Gib nicht auf' war das einzige Konzept, dass ich bisher noch nicht aufgegeben hatte!

Was würde denn passieren, wenn ich aufgebe? Was hatte ich jetzt noch zu verlieren? Ich war ganz unten angelangt, mal davon abgesehen, dass ich immer noch ein Dach über dem Kopf hatte und nicht Hunger leiden musste. Von einer rein sachlichen Perspektive aus gesehen, war ich im Paradies, aber es war nicht in mir. In mir spürte ich genau das Gegenteil davon – eine fürchterliche Enge, ein Drahtseilakt ohne Netz und Boden.

Meine letzte Hoffnung war, die Lösung außerhalb meiner selbst zu suchen. Etwas, das ich bis dahin nie getan hatte. In den vielen Kursen, die ich absolviert hatte, wurde mir immer beigebracht, die Lösung in mir selbst zu suchen. Ich war verantwortlich für das, was mir im Leben passierte. Hatte ich vielleicht etwas Grundsätzliches missverstanden?

Vielleicht gab es doch eine Kraft oder eine Intelligenz, die außerhalb von mir selbst mein Leben steuerte? ‚Lieber Gott', sagte ich – weiter kam ich nicht. Schon das Aussprechen dieser zwei Worte war mir peinlich. Der Gedanke schoss mir durch den Kopf: Gerade jetzt, wo ich es selbst nicht mehr hinbekomme, wendete ich mich an ihn. Zu allen anderen Zeiten war Gott mir völlig egal.

Zu allem Übel schlichen sich jetzt auch noch Schuldgefühle ein. Was für ein endloses Knäuel und Gewirr an Gedanken und Gefühlen! Allerdings erkannte ich auch, dass diese Gedanken allesamt nur meine eigenen Konzepte sind. Hatte mir das vor vielen Jahren ein Pfarrer eingeredet? Warum sollte ich mich schuldig fühlen, wenn ich zu Gott oder einer höheren Macht spreche? Nur dann, wenn ich glaube, dass sich Gott genauso verhält wie ein Mensch, oder?

Mein allerletzter Schritt – ich gebe auf

Ein weiterer Versuch: ‚Lieber Gott oder höhere Macht. Ich weiß in meinem Leben nicht mehr weiter. Ich bin am Ende meines Wissens und meiner Kräfte angelangt. Ich will nicht länger um mein Leben kämpfen. Ich habe es satt, mich ständig um alles zu kümmern. Ich gebe jetzt mein Leben in Deine Hände und unter Deine Führung. Wenn Du entscheidest, dass dies mein Ende sein soll, dann werde ich es akzeptieren. Wenn Du entscheidest, dass ich weiter leben soll, dann ist das auch in Ordnung. Ich werde mich nicht länger an dieser Art Entscheidungsfindung beteiligen.'

Fast augenblicklich überkam mich ein Gefühl der Erleichterung. Ich hatte mir die schwere Bürde abgenommen, das alles in meinem Leben so funktionieren muss, wie ich mir das vorstellte. Hatte ich damit auch meine Verantwortung abgegeben? Schon wieder ein neues Konzept, dass wie aus dem Nichts meinen Verstand beschlagnahmte. Wer oder was kontrolliert hier mein Denken? Wo kommen diese Gedanken her? Ich hatte sie nicht willentlich herbeigerufen.

Verantwortung – was genau bedeutet das?

Im Englischen heißt Verantwortung ‚Responsibility' und besteht aus zwei Wörtern: Response und Ability. In die richtige Reihenfolge gebracht: ‚The Ability to respond', was so viel bedeutet wie die Fähigkeit auf einen Umstand oder eine Situation zu antworten oder zu reagieren. Eine völlig andere Bedeutung, als die, die wir im alltäglichen Gebrauch unter dem Wort Verantwortung verstehen.

Welches Gefühl löst es bei Ihnen aus, wenn Ihnen jemand sagt Sie sollen mehr Verantwortung übernehmen? Können Sie sich noch zurückerinnern als Sie ein Kind oder ein Jugendlicher waren? An die Momente, wenn Ihre Eltern Sie ermahnten doch mehr Verantwortung zu übernehmen? Hatten Sie nicht auch manchmal das Gefühl, dass es wie eine Last ist, die man ständig mit sich trägt?

Tage vergingen und zu meiner Verwunderung fand sich in meinem Kopf kein einziger Gedanke mehr. Ein innere Stille und Friede stellte sich ein, den ich vorher nur für einige Minuten nach dem Joggen verspürte. Abgesehen von dieser Stille, spürte ich auch ein Gefühl der Weite. Diese Weite und der innere Friede dehnte sich über die nächsten Tage weiter aus, und verwandelte sich in Freude. Eine Freude die aus meinem innersten Wesen zutage trat.

Wo kommt plötzlich die Freude her?

E in Gefühl der Freude kannte ich bislang immer nur als Reaktion von äußeren Umständen, und es hielt auch immer nur für kurze Zeit an. Nun war es schlichtweg überwältigend, grundlos und ohne ein äußeres Ereignis hervorgerufen. Ich konnte diese Freude in jeder einzelnen Zelle meines Körpers spüren. Mit jedem weiteren Tag wuchs diese Freunde und verwandelte sich in einen Zustand der Glückseligkeit. Ich war immer noch am gleichen Platz – nichts hatte sich geändert – aber alles schien leuchtender und farbenkräftiger zu sein als noch ein paar Wochen zuvor.

> *„Nicht das Denken erlöst die Welt, sondern die Liebe."*– Manfred Kyber

Mir fiel außerdem auf, dass die ewigen Selbstgespräche in meinem Kopf aufgehört hatten. Es war dort plötzlich mucksmäuschenstill. Falls ich dort zuvor anwesend war, wo befand ich mich jetzt? Gab es mich überhaupt noch? Wer immer ich glaubte gewesen zu sein, diese Instanz war abrupt verschwunden. Es war ein phänomenales Erlebnis, und ich wollte diese Erkenntnis unmittelbar mit meinen beiden Freunden teilen. Keine so gute Idee, wie sich bald herausstellen sollte. Die beiden schauten sich nur verwundert an.

Hatte Thomas jetzt völlig seinen Verstand verloren? Diese Aussage war vielleicht zutreffender als es ihnen bewusst war.

Ein paar weitere Wochen vergingen, und es ging mir so gut wie nie zuvor. Das Leben hatte einen völlig neuen Glanz und eine Farbenpracht, die ich noch nie zuvor erlebt hatte. Es schien, als ob ich vom Leben in einer Sänfte getragen werde. Alles lief wie von selbst, ganz ohne mein willentliches Zutun.

Ist das Leben wie das Gleiten auf einer Welle?

Ein Freund, der über 20 Jahre Erfahrung mit Surfen in Hawaii hatte, erklärte mir einmal den Unterschied zwischen den zwei Varianten eine Welle zu surfen. Die meisten sagte er, kämpfen sich mit viel Kraftaufwand in die Welle, und versuchen dann die Welle zu bändigen. Nur wenige, fügte er hinzu, verstehen es sich mithilfe der Welle in die richtige Position zu manövrieren, um sich anschließend fast mühelos von ihr tragen zu lassen.

Gute Surfer beobachten manchmal bis zu einer Stunde das Geschehen auf dem Meer, bevor sie mit ihrem Surfbrett in das Meer steigen. Sie bemerken, dass die Wellen in unterschiedlicher Stärke und in unterschiedlichen Rhythmen kommen. Sie haben ein Auge auf die Strömung, auf die Windrichtung und auch auf die Gezeiten.

Ähnlich wie in dem Film Papillon[10] mit Steve McQueen und Dustin Hoffman. Als Kleinkrimineller wird Papillon zu Unrecht des Mordes für schuldig befunden und zu lebenslanger Haft in einer französischen Strafkolonie in Französisch-Guayana, Südamerika verurteilt. Papillon ist entschlossen, zu fliehen, aber ein Versuch nach dem anderen misslingt, was schließlich immer wieder zu noch höheren Strafen führt. Er setzt seine Fluchtversuche fort, obwohl er zur Strafe in Einzelhaft gehalten wird. Nach fünf Jahren gelingt ihm der dritte Ausbruchsversuch, und er entkommt über das Meer.

Dazu hat er tagelange das Meer beobachtet, und stellte fest, dass jede siebte Welle statt an den Strand aufs Meer hinausging! Um also von der Insel und seinem Gefängnis zu entkommen musste er sich der Strömung des Meeres hingeben. Er musste die Angst überwinden, dass es ihn möglicherweise an die Klippen zurück spülte und seinen Körper zerschmetterte. Er musste von der Felswand weit genug wegspringen um im Meer, und nicht auf dem Strand zu landen. Sollten Sie den Film noch nicht gesehen haben, empfehle ich Ihnen das Original von 1973. Es gibt eine Neuverfilmung aus dem Jahr 2017, die auch sehr gut gelungen ist, allerdings ist die Originalfassung meines Erachtens besser.

Die Ironie des Schicksals

S o lebte ich dann weiter im Zustand von Glückseligkeit bis ans Ende meiner Tage. So oder ähnlich würde wohl der Ausgang eines Märchens[11] oder eine klassische Hollywood-Geschichte enden. Der Zustand der Glückseligkeit verschwand nach einigen Monaten wieder, aber eine Tür, und damit eine permanente Verbindung mit einer neuen Dimension des Lebens und einer mir bisher unbekannten Kraft war für immer geöffnet.

Schöne Momente oder Zustände im Leben möchten wir gerne für immer festhalten. Aber das gelingt uns nicht, da wir keine Kontrolle darüber haben. Das Leben ist nicht statisch wie unsere Konzepte, sondern selbst organisierend und dynamisch. Daher ist es immer in Bewegung und ändert sich ständig. Der nächste Wandel in meinem Leben sollte sich schon bald vollziehen.

Mein Freund, bei dem ich nun bereits seit ein paar Monaten wohnte, war ein begeisterter Sportler. Er arbeitete zu dieser Zeit an einem Plan für seine zweite Karriere – eine Möglichkeit als persönlicher Sporttrainer zu arbeiten. Bereits in den frühen Morgenstunden war er fast regelmäßig mit seinem Rennrad unterwegs. Auch an diesem sonnigen Tag war er wieder auf sein Sport-Bike gestiegen, kam allerdings nicht – wie sonst üblich – gegen Nachmittag nach Hause. Seine Frau bekam noch am selben Abend einen Anruf aus dem Krankenhaus in Honolulu.

Er kollidierte an einer Kreuzung mit einem Lastwagen, und wurde dabei lebensgefährlich verletzt. Mit einem Notfall-Hubschrauber brachte man ihn nach Honolulu in eine Spezialklinik, wo er umgehend operiert wurde. Wir waren beide im ersten Moment geschockt und besorgt, allerdings auch nicht übermäßig überrascht, da er bereits zuvor mehrmals gestürzt ist.

Bereits nach zehn Tagen kam er im Rollstuhl sitzend zurück. Er hatte einen Beckenbruch und zahlreiche weitere Brüche an den Beinen erlitten. Sein rechtes Bein war aus einem Gestell von Schrauben und Streben zusammengefasst. Ein bizarr anmutender Anblick, der mich an Cyborg- und Terminator-Filme erinnerte.

Zum Glück hatte ich jetzt meine eigene Talfahrt überwunden und seine Frau und ich konnten uns um ihn kümmern. Die Idee als Sporttrainer zu arbeiten war in weite Ferne gerückt, wenn nicht sogar unmöglich geworden. Er musste jetzt eine andere Möglichkeit finden ein Business aufzubauen, um sich und seine Familie finanziell zu versorgen.

Bereits nach ein paar Wochen konnte er mithilfe von Krücken wieder gehen. Eine erstaunlich schnelle Heilung, die sicherlich auch seiner äußerst positiven Lebenseinstellung zuzuschreiben war. Da er nicht aufs Fahrrad steigen konnte, beschäftigte er sich intensiv mit dem Thema Online-Business – im Besonderen mit der Idee, die vielen Angebote an Aktivitäten für Hawaii-Urlauber auf einer Webseite anzubieten.

Einige dieser Aktivitäten-Webseiten gab es bereits, aber er hatte einige neue interessante Ideen, die sich weitgehend von anderen Business-Modellen unterschieden.

Raten Sie mal, wer die Webseite programmieren sollte?

Wie das Schicksal es so wollte, konnte ich mich jetzt für die Zeit revanchieren, in der er und seine Frau mir so lange liebevoll ihren Platz zur Verfügung gestellt hatten.

Diese neue Businessidee und Ihre Ausführung sollte mich die nächsten vier Jahre beschäftigen!

Mein Freund kümmerte sich um die einzelnen Aktivitäten und Verträge, und ich programmierte die einzelnen Webseiten. Sehr schnell wurde mir klar, dass die Seiten immer den gleichen Aufbau haben und deshalb entwickelte ich ein komplettes Datenbanksystem, aus dem die Seiten ausgelesen wurden. Damals gab es noch keine Baukastensysteme wie WordPress – es war alles diffizile Handarbeit. Schon bald darauf erweiterten wir das Angebot von den zehn besten Aktivitäten zu den besten und häufigsten gebuchten Aktivitäten für Maui.

Die Buchungen über die Webseite liefen sehr gut, allerdings gab es immer noch viele Telefonanfragen, die uns eine Hilfskraft abnahm. Durch den Aufbau eines Datenbanksystems konnten wir schnell weitere Aktivitäten anbieten.

Ein komplettes Online-Buchungssystem ermöglichte es uns bereits im nächsten Jahr das Angebot auf alle vier Inseln auszudehnen. Nach drei Jahren verzeichnete sein Online-Business bereits mehrere Millionen Dollar Umsatz. Wir beide waren überglücklich, unter welchen mysteriösen Umständen uns das Schicksal zusammengeführt hatte.

Sozusagen als krönenden Abschluss dieser Geschichte bot mir mein Freund eine Partnerschaft in seinem Business an. Ich lehnte sein Angebot allerdings ab, weil ich ahnte, dass meine Tage auf dieser wunderschönen Insel gezählt sind. Dieses Gefühl bestätigte sich etwa ein Jahr später, als meine neue Freundin und ich beschlossen nach Australien zu gehen.

Was unsere fünf Sinne nicht erfassen können

Auch wenn wir uns vordergründig mit der materiellen, der greifbaren und sichtbaren Welt beschäftigen, es bleibt in uns der Wunsch, diese unsichtbare Welt zu erforschen, zu begreifen und zu erleben. Es gibt mittlerweile tausende von Studien und Büchern, die sich eingehend mit dem Übersinnlichen oder Außersinnlichen beschäftigen. Beide Bezeichnungen hören sich für viele Menschen im ersten Moment befremdlich an.

Die Meinungen spalten sich schnell in zwei Lager – entweder glaubt man daran, oder nicht – ähnlich wie bei der Astrologie. Es ist neben der Sexualität, Geld und Beziehungen, einer der vielen Tabu-Themen[12] in unserer Gesellschaft.

Die Begriffe Übersinnlich und Außersinnlich sagen nur aus, dass es sich hierbei um eine Wahrnehmung handelt, die nicht mit unseren gewohnten fünf Sinnen: Sehen, Hören, Riechen, Schmecken und Tasten erfassbar ist. Fast jeder hat in seinem Leben zumindest ein Erlebnis gehabt, welches sich nicht in den Bereich der fünf Sinne einordnen lässt. Aus Angst abgelehnt, oder als verrückt erklärt zu werden, sprechen die meisten Menschen nicht darüber. In einem sicheren und anonymen Umfeld hat man allerdings festgestellt, dass die meisten bereit sind über Ihre Erlebnisse zu sprechen.

„Wenn die Pforten der Wahrnehmung rein wären, erschiene dem Menschen alles, wie es ist: unendlich."
- William Blake

Zum Phänomen des Übersinnlichen oder Außersinnlichen gehören unter anderem das Déjà-vu, das Gefühl, eine Situation schon einmal erlebt zu haben. Die Empathie – das Wahrnehmen der Gefühle anderer Menschen. Die Telepathie – die Wahrnehmung der Gedanken anderer Menschen. Die Präkognition – das Wahrnehmen zukünftiger Ereignisse.

Das Hellsehen, was bedeutet, dass man mit dem inneren Auge sieht, was woanders geschieht. Hellsehen wird auch oft im Zusammenhang mit Präkognition erwähnt. Beim Hellhören hört man, was woanders vor sich geht. Das Hellhören grenzt allerdings sehr an die Symptomatik der Schizophrenie, bei der man häufig Stimmen hört und mit ihnen auch interagiert.

Als letztes haben wir noch den 'sechsten Sinn', welche alle zuvor erwähnten Begriffe zusammenfasst. Der sechste Sinn wird in Psychologie und Parapsychologie als momentane außersinnliche Wahrnehmung beschrieben. Man spricht von einem Bauchgefühl, der unsichtbaren Verbindung zwischen Mutter und Kind oder z.b. der Fähigkeit, Blicke im Rücken zu spüren. Auch die Intuition oder eine generelle sensitive Wahrnehmungsfähigkeit wird dem sechsten Sinn zugesprochen.

Das Thema ist vielschichtig und delikat. Wir sind es nicht gewohnt außerhalb unserer fünf Sinne wahrzunehmen, und darüber hinaus auch noch zu sprechen. Was wir über die fünf Sinne wahrnehmen können, ist oft schon schwierig genug nachzuvollziehen, und es ist mitunter grenzwertig sich darüber zu verständigen. Außerhalb der fünf Sinne, welche wir fälschlicherweise auch als Fakten bezeichnen, haben wir keine Möglichkeit der Verifikation. Was für uns keine Fakten sind – sich also mit der wissenschaftlichen Methode nicht beweisen lässt – schieben wir schnell in den Bereich des Aberglaubens.

Das Wort Aberglaube war ursprünglich eine abwertend gebrauchte Bezeichnung der Kirche für religiöse Vorstellungen, die von der christlichen Lehre abweichen, und in denen Reste vorchristlichen Denkens oder magischer Vorstellungen vermutet wurden. Im heutigen Sprachgebrauch sind es kollektive Denkmuster wie z.b. die Aussage: ‚Schwarze Katze von links bringt Unglück'. Alles, was wir in diesem Zusammenhang nicht verstehen, wird erst einmal in die Kategorie Aberglaube abgelegt.

Falls Ihnen zu diesem Thema jeglicher Bezug fehlt, und Sie Unbehagen verspüren, dann besteht noch die Möglichkeit sich durch Bücher und Filme dem Thema anzunähern. Sozusagen als erster Schritt und Einstieg in die Materie. Kennen Sie die Netflix Serie Dark[13]? Eine deutsche Science Fiction-Serie, welche die Geschichte einer Kleinstadt erzählt. In insgesamt drei Staffeln werden hier Zeitreisen, Zeitschleifen und Parallelwelten in beeindruckender Weise mit vordergründigen und unsichtbaren Welten miteinander verwoben.

Aber letztendlich kommen wir mit dem Thema so nicht weiter, da wir nur über Phänomene sprechen, ohne einen persönlichen Bezug dazu aufzubauen. Wir bleiben auf der Formebene, ohne uns mit den inhaltlichen Erkenntnissen auseinanderzusetzen.

Partizipation – Teilnahme und Verbundenheit

Einen völlig anderen Ansatzpunkt um einen Blick hinter die Kulissen zu werfen ermöglicht der Erfahrungsschatz der Astrologie. Wer sich die Mühe gemacht hat, sich etwas intensiver mit diesem Thema zu beschäftigen, der weiß, dass es außer den persönlichen Lebensprinzipien wie z.b. Harmonie, Selektion und Integration auch noch drei kollektive gibt. Von diesen drei kollektiven Lebensprinzipien möchte ich Ihnen – passend zu meiner Geschichte – das Prinzip Partizipation näher bringen.

Partizipation ist das Lebensprinzip, welches die Verbundenheit mit dem ganzen Kosmos beschreibt. Es ist das instinktive oder intuitive Wissen, zu einem größeren Ökosystem zu gehören und mit ihm verbunden zu sein. Es ist das Wissen darüber, dass das was ich anderen antue, ich mir letztendlich selber antue. Die Erfahrung, dass alles miteinander verbunden ist, und gleichzeitig Teil von mir selbst ist. Es bedingt auch die Möglichkeit zur Selbstaufopferung für die Erhaltung der eigenen Art. Es sind Prozesse, die für das Kollektive bestimmt sind, und damit der Lebenserhaltung einer übergeordneten Gruppe, Nation, der Menschheit, der Natur oder sogar dem ganzen Kosmos dienen. Dieser Antrieb ist stärker als der Selbsterhaltungstrieb, sollte aber nicht mit Altruismus verwechselt werden, da er nicht an die Person gebunden ist.

Als Beispiel sei hier der Tod von Sokrates erwähnt. Sokrates hatte sich unter anderem auch mit viel Engagement um die Regeln und die Ordnung des Staates gekümmert, da ihm Gerechtigkeit ein wesentliches Anliegen war. Sokrates wurde zum Tode verurteilt, weil er die staatlichen Götter teilweise ablehnte, und neue Gottheiten einführen wollte. Freunde forderten ihn auf zu fliehen, aber er fügte sich seinem Schicksal. Er beugte sich dem Urteil der Athener Demokratie, auch wenn er sich nicht schuldig bekannt hat. Die Aufrechterhaltung des Gesetzes war ihm wichtiger als sein eigenes Leben.

Mitunter sieht man dieses Prinzip auch in der Natur. Es gibt den kollektiven Selbstmord bei Tieren, oder das Abnehmen der sexuellen Potenz, wenn die Population eine kritische Masse erreicht hat.

Die Liebe – der Urstoff unserer Existenz

Wenn das Lebensprinzip Partizipation bei einer Person ausgeprägt ist, dann ist es die Aufgabe dieser Person über die Vordergründe hinauszusehen und den unsichtbaren Hintergrund erkennbar und erfahrbar zu machen. Es ist eine Rückbesinnung zu unserer Quelle, aus der wir alle erschaffen wurden. Hier finden wir die Allverbundenheit und die umfassende Liebe wieder.

Der Schleier der Illusion von Zeit und Raum wird gelüftet, und die dahinterliegende Wirklichkeit kann durchschaut und erfahren werden.

Das Ego, und damit die Fixierung auf die Trennung tritt in den Hintergrund oder löst sich auf, damit die Einheit aller fühlenden Wesen erfahren werden kann. Menschen, bei denen dieses Lebensprinzip etwas stärker ausgeprägt, oder sogar dominant ist, haben eine Ahnung und ein tief greifendes Gespür für die Dinge, die sich hinten den Kulissen abspielen.

Die Liebe ist der Urstoff, aus dem wir gemacht sind. Es ist das, was wir spüren, wenn wir keinerlei Grenzen wahrnehmen. David Steindl-Rast[14] sagte einmal: ‚Nur durch die Liebe finden wir Sinn. Wenn wir in Liebe aufgehen, werden wir Sinn.‘ Hier finden wir auch wirkliche Freiheit, da Formen immer begrenzen. Um dieses Lebensprinzip zu verinnerlichen, braucht es bei den meisten mehrere Entwicklungsstufen.

Erfahrungsstufen auf dem Weg zur Erlösung

Am Beginn dieser Erfahrungsstufen erleben wir häufig die Sucht statt der Suche, welche versucht das Leben zu bestimmen und zu verhindern.

Wir finden hier Täuschungsmanöver und Taktiken wie Unehrlichkeit – eine Tendenz sich mithilfe von Lügen durch das Leben zu schwindeln. Auf der nächsten Entwicklungsebene können wir beobachten wie Selbstbetrug und Lebenslügen den einzelnen von der Verwirklichung seiner Träume abhalten. Oft stehen Selbstmitleid und Resignation im Vordergrund, sowie eine Tendenz zur Fremdbestimmung. Wenn man selbst nicht bestimmt, machen das andere für einen!

Der nächste Entwicklungssprung führt nicht selten von der Hilflosigkeit zum Helfersyndrom, welches die Abhängigkeit deutlich macht. Wir finden hier unrealistische Träumer, die aufgrund ihres mangelnden Selbstbewusstseins ihre wirklichen Sehnsüchte behindern. Ent-täuschungen können auf dieser Ebene bereits ein langsames Erwachen ermöglichen. Ein weiterer Entwicklungssprung führt hin zur Feinfühligkeit und einer Ahnung, dass es außerhalb der sichtbaren Welt noch etwas anderes gibt. Hier erwacht die Nächstenliebe und die Fähigkeit der Hingabe. Aber auch auf dieser Entwicklungsebene besteht noch die Gefahr des Rückzugs und der Isolation.

Ein weiterer Schritt nach vorne fördert die Sensibilität und führt damit zu einer besseren Intuition. Durch das gestiegene Selbstvertrauen besteht die Möglichkeit des künstlerischen Ausdrucks durch die schöpferische Fantasie. Auf dieser Entwicklungsebene finden wir auch Barmherzigkeit und Seelsorge.

Weitere Erfahrungen mit diesem Lebensprinzip führen in die Spiritualität. Eine umfassende Ansicht über das eigene und das Leben selbst stellt sich ein. Hilflosigkeit und Bedürftigkeit haben sich in Bedürfnislosigkeit und Selbstlosigkeit umgewandelt.

Die letzte Stufe dieser Entwicklung führt den einzelnen zur Erfahrung von Grenzenlosigkeit. Das Ego tritt in den Hintergrund, und ist nicht länger die zentrale Kraft. Ein Gespür und ein Vertrauen für die Führung des Lebens selbst hat eingesetzt. Die Liebe, und damit der Fokus der Verbindung, anstatt der Trennung, hat die Regie übernommen. Die Erfahrung, dass alles mit Allem verbunden ist. Wer mehr über dieses Lebensgesetz lernen möchte, dem empfehle ich das gleichnamige Buch[15] von Ruediker und Margit Dahlke.

Es gibt keine objektive Welt

Durch den Einzug des wissenschaftlichen Weltbildes ist der Glaube an eine höhere Macht durch Vernunft und Wissen ersetzt worden. Was aber die Wissenschaft als objektiv bezeichnet, ist in Wirklichkeit subjektiv. Seit die Quantenphysik entdeckt wurde, wissen wir dass der Beobachter einen Einfluss auf die Materie hat. Der Beobachter ,wählt' sozusagen aus der Unendlichkeit der Möglichkeiten (Welle) eine Variante aus, die dann als Teilchen sichtbar wird.

Wir glauben, dass unsere Augen sehen, aber in Wirklichkeit sehen wir nichts. Das Bild entsteht im Gehirn, es wird als ‚Muster' abgespeichert. Dieses Muster wird wieder in das Bewusstsein gebracht, sobald ein ähnliches Bild im Außen erscheint.

Unser Gehirn ist im Grunde nichts anders als ein Bio-Computer mit einem Muster-Erkennungssystem. Sich im Leben ausschließlich auf abgespeicherte Informationen des Gehirns zu stützen, verhindert ein Wahrnehmen des gegenwärtigen Augenblicks. Unser Verstand benutzt das Gehirn, um sich entweder auf Vergangenes zu beziehen, oder mögliche Szenarien für die Zukunft zu erstellen. Man lebt somit in einem Vakuum – einer selbst geschaffenen Computersimulation. Und wem das nicht ausreicht, der stülpt sich abends bei einer Flasche Bier eine 3D-Brille über die Augen und verschwindet komplett im künstlich erschaffenen Nirwana.

Fakten sind in Wirklichkeit keine Fakten, sondern nur kollektive Übereinstimmungen. In ihrem Ursprung sind sie willkürliche Festlegungen z.B. die Vereinbarung wie lang eine Stunde ist, die Längenangabe des Meters oder das Zahlungsmittel Euro. Diese Übereinkünfte erleichtern den Umgang mit der materiellen Welt, da es zu einer besseren und rascheren Kommunikation beiträgt, und darüber hinaus den Handel von Waren und Gütern beschleunigt.

Kant hat bereits vor 250 Jahren diese entscheidende Beeinträchtigung beschrieben: ‚Da der Mensch nur Eindrücke von den Dingen hat, kann er nicht erkennen, wie sie an sich sind, d. h. unabhängig von seiner eigenen Sinneswahrnehmung und seiner Auffassung von Raum und Zeit. Damit erkennt er nur Erscheinungen des Dinges und nicht das Ding an sich.‘ In diesem Satz ist all unsere Beschränktheit zusammengefasst. Sie gilt aber nicht nur für die Dinge, sondern auch für die Produkte der menschlichen Vernunft, also auch für alle unsere Vorstellungen von Gott, von Seele, Erlösung und Unsterblichkeit.

Sucht ersetzt nicht die Suche nach der Wahrheit

Die Sehnsucht nach der Erlösung ist ein grundsätzliches Bedürfnis des Menschen. Diese Sehnsucht wurde früher durch die Religionen erfüllt, ist aber durch die teilweise dogmatische Struktur der Kirche für viele Menschen kein passender Ort mehr.

Stattdessen finden wir einen stetig steigenden Drogenkonsum, da auf der untersten Entwicklungsebene die Suche nach der Sehnsucht durch Drogen ersetzt wird.

Zwar ist der Konsum von Alkohol als Lieblingsdroge der Deutschen seit Jahren rückläufig[16], allerdings wird dieser positive Trend durch den weltweiten Anstieg[17] von Cannabis und Kokain zunichtegemacht. Aus dieser Statistik wird auch deutlich, dass die Suche nach dem Einheitsgefühl und das Verlangen nach mehr Verbundenheit ein globales Phänomen ist. Es zeigt außerdem, dass immer mehr Menschen ein Gefühl der Isolation spüren, und den Wunsch nach Verbindung, Intimität und Gemeinschaft.

Der Gebrauch von Drogen ist aber nur eine Flucht, sozusagen die Kehrseite der Medaille, und scheitert so lange, bis ein wirklicher Zugang gefunden wurde. Drogen stimulieren nur für kurze Zeit diesen Zustand, deshalb muss man sie immer häufiger und in höherer Dosis nehmen. Die Sucht bleibt so lange bestehen bis wir uns wirklich auf die unsichtbare Welt eingelassen haben. Es hilft, sich selbst und sein Handeln zu hinterfragen, grundsätzlich alles infrage zu stellen, und mit anderen darüber zu sprechen, die auch für dieses Thema offen sind.

Versuchen Sie hinsichtlich dieser Übersinnlichem oder Außersinnlichen Wahrnehmungen eine ehrliche Beziehung aufzubauen. Was genau nehmen Sie wahr? Was passiert wirklich?

Kontrollverlust ist ein natürlicher Prozess Ihres Wachstums, um Sie in einen größeren Zusammenhang, eine erweiterte Form Ihrer Wahrnehmung zu bringen.

Der Widerstand gegen diesen Kontrollverlust erhöht den Leidensdruck und kann zur Depression, Neurosen, Psychosen, Wahnvorstellungen und im Extremfall bis zum Suizid führen. Spätestens am Ende unserer Lebensspanne sind wir gezwungen, jegliche Form von Kontrolle aufzugeben.

Nachwort

Erinnern Sie sich – das Leben ist kein statischer Prozess. Alles kommt und vergeht im stetigen Kreislauf von Zeit und Raum. Nur Ihre Ansichten und Überzeugungen können über längere Zeit Bestand haben, und damit Erfahrungsprozesse behindern. Undefinierbare und unangenehme Gefühle, die nicht auf äußere Umstände oder rigide Überzeugungen zurückzuführen sind, verschwinden irgendwann wieder von selbst, oder integrieren sich in Ihr Leben. Was zum Leiden führt, ist unser Widerstand (Überzeugungen und Ansichten) – gegen diese Wahrnehmung.

Wenn Sie diesen größeren Zusammenhang der Dinge im Leben verstehen und auch erfahren, werden Sie gelassener, friedvoller, lebendiger, und die Liebe wird Ihr stetiger Begleiter. Je mehr Sie sich als Teil des Ganzen erfahren, desto weniger müssen Sie andere Meinungen, andere Menschen und Ereignisse ausgrenzen.

Gratis Hörbuch

Wussten Sie, dass Einsteins wichtigste Entdeckung nicht die Relativitätstheorie war? Erfahren Sie sein erstaunliches Geheimnis und damit den Schlüssel für Freiheit und Erfüllung in Ihrem Leben. Holen Sie sich jetzt das kostenloses Hörbuch!

Bitte diese Webseite notieren und in Ihrem bevorzugten Webbrowser eingeben:

thomasherold.com/audiobuch-geschenk

Weitere Bücher von Thomas Herold

Einsteins Wichtigste Erkenntnis

Warum die Antwort auf eine einzige Frage
Ihr Leben entscheiden kann

Wussten Sie, dass Einsteins wichtigste Entdeckung nicht die Relativitätstheorie war? Erfahren Sie sein erstaunliches Geheimnis und damit den Schlüssel für Freiheit und Erfüllung in Ihrem Leben.

Diese Antwort – ob bewusst oder unbewusst getroffen – beeinflusst alle Aspekte Ihres Lebens! Sie prägt das allgemeine Lebensgefühl und Ihre Grundhaltung zum Leben selbst.

Würde ich Ihnen jetzt unmittelbar diese elementare Frage auf dem silbernen Tablett präsentieren, dann wäre das etwa so, als ob ich Ihnen nur die letzte Seite eines überaus spannenden Romans zu lesen gäbe. Stellen Sie sich vor, Sie sehen nur die letzten fünf Minuten eines spannenden Krimis. Sie werden keinerlei Bezug zum Film haben. Der tiefere Sinn, die Zusammenhänge, und der emotionale ‚Spaßfaktor' bleiben auf der Strecke.

In diesem Buch werden Sie Einsteins wichtigste Entdeckung erfahren. Eine Entdeckung die für Jahrzehnte verborgen blieb und es vor kurzer Zeit veröffentlicht wurde.

Einsteins wichtigste Erkenntnis ist die Grundlage, aus der sich Ihr Lebensziel ergibt:

- Ein Ziel, das niemals mit einem anderen Ziel in Konflikt steht
- Ein Ziel, das Sie Ihr Leben lang begleitet
- Ein Ziel, das Sie motiviert ohne sich motivieren zu müssen
- Ein Ziel, das Ihnen Sicherheit und Vertrauen schenkt
- Ein Ziel, das Sie niemals vergessen werden
- Ein Ziel, das Sie mit anderen Menschen auf tiefster Ebene verbindet
- Ein Ziel, das eine dauerhafte Quelle für Inspiration und Freude ist

Wie finde ich mein Ziel im Leben am besten heraus?

Erfolgreiche Ziele, und solche die auch die meiste innere Zufriedenheit mit sich bringen, sind Ziele die über Ihre Person hinausgehen. Je mehr das Ziel andere mit einschließt, und je mehr das Ziel anderen dient, desto erfüllter werden Sie sein.

Anstatt Sie also mit endlosen Zielvariationen und Zielsystemen zu konfrontieren, möchte ich Sie auf eine Reise mitnehmen, an deren Ende Sie genau wissen, was das wichtigste Ziel (Entscheidung) in Ihrem Leben ist.

Erhältlich bei Amazon als E-Buch, Taschenbuch und Hörbuch.

Moderne Geldschöpfung

Geld aus dem Nichts und der Zinstrick der Zentralbanken

Fragen Sie sich gelegentlich auch warum alles ständig teurer wird? Warum Wohnraum in den letzten Jahren unbezahlbar geworden ist, und weshalb Ihr Geld auf der Bank täglich weniger wird?

Schafft Geld Wohlstand?

Seit der Corona-Krise laufen die Druckpressen aller Zentralbanken heiß. Es wird weltweit mehr Geld gedruckt als je zuvor, und das weltweite Finanzsystem steht vor der größten Herausforderung seiner Geschichte. Der Finanzcrash 2008 war bereits ein Indikator für die kommende Endphase.

Wenn Banken zusätzliches Geld drucken, ohne das mehr Waren und Dienstleistungen zur Verfügung stehen, dann wird das gesamte Geld auf dem aktuellen Markt abgewertet. Es bedeutet, dass Sie plötzlich weniger kaufen können, selbst wenn der Euroschein in Ihrer Hand denselben Wert zeigt.

Dieser Prozess wird Inflation genannt, und ist das Hauptinstrument der Banken, um Geld aus dem Nichts zu verdienen. Es ist außerdem die wirksamste und auch hinterlistigste Art Ihr Geld zu entwerten, und nichts anderes als Betrug.

Wie entsteht modernes Geld?

Die Geldschöpfung im 21. Jahrhundert ist mittlerweile äußerst komplex geworden, und Sie werden nur mit erheblichem Zeitaufwand und größter Anstrengung durchschauen, wie sie im Detail funktioniert.

Wäre es einfach zu durchschauen, dann würde das Vertrauen in unser modernes Geld noch schneller als bisher schwinden, und ein globaler Aufstand gegen das bestehende Geldsystem würde sich beschleunigen.

Wie moderne Geldschöpfung genau funktioniert, und weshalb wir vor der größten Revolution in der Geschichte des Geldes stehen, erfahren Sie in diesem Buch.

Erhältlich bei Amazon als E-Buch, Taschenbuch und Hörbuch.

Zeitenwende 2020

Prognose und Wegweiser zum Aufbruch in ein neues Zeitalter

Spätestens Ende April 2020 muss jedem klar gewesen sein, dass wir in einer außerordentlichen Krise stecken. Covid-19 diente dabei als Brandbeschleuniger für die Wirtschaft, und hat eine weltweite wirtschaftliche Brandrodung, die schon Jahre zuvor loderte, in Gang gebracht.

Was vielleicht nur wenige in 2020 sehen können, ist das Ausmaß dieser Krise.

Was ist eine Zeitenwende?

Eine Zeitenwende stellt einen Umbruch im historischen Geschehen dar. Um kollektive Veränderungen besser zu verstehen und damit umzugehen, hat der Mensch schon seit jeher verschiedene Methoden der Prognostik benutzt.

Prognostik bedeutet, dass wir uns Mittel und Instrumente bedienen, welche zeitlich wiederkehrende Zusammenhänge aufzeigen und verdeutlichen. Wir können uns damit auf kommende Veränderungen besser einstellen und Fehlverhalten vermeiden.

Welche Veränderungen kommen?

In diesem Buch werden Sie aufschlussreiche Einblicke in den Bereich der Prognostik erfahren. Sie werden dadurch weitaus besser verstehen, weshalb bis ins Jahr 2025 massive globale Veränderungen auf uns zukommen werden. Diese Neugestaltung wird soziale, wirtschaftliche und auch die politische Ebene betreffen.

Erhältlich bei Amazon als E-Buch, Taschenbuch und Hörbuch.

Anmerkungen

[1] https://thomasherold.com/zeitenwende-2020/

[2] https://avatarepc.com/

[3] https://thomasherold.com/metaebene-geld/

[4] https://www.social-startups.de/coca-cola/

[5] https://www.amazon.com/Sugar-Blues-William-Dufty/dp/0446892882

[6] https://www.w3.org/International/tutorials/language-decl/index.de

[7] https://thomasherold.com/schicksal-wegweiser/

[8] https://avatarepc.com/

[9] https://thomasherold.com/schicksal-wegweiser/

[10] www.filmzentrale.de/rezis/papillonub.htm

[11] https://thomasherold.com/heldenreise-bestimmung/

[12] https://de.statista.com/statistik/daten/studie/4464/umfrage/themen-ueber-die-kaum-gesprochen-wird/

[13] https://dark.netflix.io/en

[14] https://www.dankbar-leben.org/

[15] https://www.amazon.de/Die-Lebensprinzipien-Selbsterkenntnis-Vorbeugung-Heilung/dp/344233893X

[16] https://de.statista.com/statistik/daten/studie/5382/umfrage/alkoholverbrauch-je-einwohner-an-reinem-alkohol/

[17] https://de.statista.com/infografik/14442/weltweiter-drogenkonsum/